MÉMOIRE
SUR
LA POPULATION,

Dans lequel on indique le moyen de la rétablir, & de se procurer un Corps Militaire toujours subsistant & peuplant.

Quæ probanda sunt, non quæ utique probantur.
Vell. Patercul. Histor. n. 2.

BIBLIOTHEQUE ROYALE

A LONDRES.

M. DCC. LXVIII.

AVERTISSEMENT.

L'OUVRAGE qu'on donne ici au Public, n'eſt point un tiſſu de ſpéculations, fondées ſur des principes arbitraires ; mais les calculs qui y ſont répandus, ne laiſſent pas d'être ſuſceptibles du plus ou du moins dans certaines parties, & je ne les donne pour exacts, qu'entant qu'ils réſultent de ſommes données. Ce ſont des approximations qui, en admettant les circonſtances que je ſuppoſe, ſont d'une certitude géométrique, & dont la justesse dépend par conséquent de celle de ces suppositions.

Quant à ce que je reclame le rétablissement du Divorce comme le moyen par excellence de rendre à la population tout son ressort, je suis bien-éloigné de penser que la Puissance Civile se confie uniquement en son pouvoir, pour rendre la liberté au mariage. Je suis convaincu, au contraire, qu'à l'Eglise seule appartient de prononcer sur ce qu'il y a de spirituel dans le nœud qui nous unit;

& ce ſentiment qui ſe retrouve dans mon Ouvrage, eſt une preuve bien ſenſible que je ſuppoſe le concours des deux Puiſſances établies de Dieu, pour le rétabliſſement du Divorce.

Comme mon principal objet eſt la pureté des mœurs, qui ſeule peut rendre à la Population ſa premiere vigueur, il eſt aiſé de juger dans quelles bornes j'ai reſtraint la faculté de divorcer. J'en aurois pu dire davantage ſur ce ſujet; mais ce n'eſt point aux particuliers à propoſer des régles; c'eſt à la Légiſlation, qui connoît nos beſoins, à y pourvoir. Au reſte, je n'enviſage cette matière que ſous un point de vue purement politique, mettant à l'écart toute autre conſidération.

MÉMOIRE
SUR
LA POPULATION.

§ I.

Des causes de la Dépopulation.

LA cause la plus active de la Dépopulation, c'est l'Incontinence. Ses progrès, depuis le règne de François I, nous ont coûté plusieurs millions d'hommes, & ont énervé la meilleure partie de ce qui nous en reste. Si la Nation entière étoit réunie, on verroit que l'espèce est flétrie parmi nous (1); mais un coup-d'œil attentif

(1) Des horreurs, dont on ne peut douter,

ſur les aſſemblées nombreuſes, quoique particulières, nous indique la ſituation de la maſſe totale. Il ne faut pas s'y méprendre : il en eſt des hommes comme des arbres ; leur hauteur

---

c'eſt que, de nos femmes, les unes ſont priſes de trop bonne heure, & reſtent en pure perte pour la Population ; les autres ne conçoivent qu'en dépit d'elles-mêmes, & mettent tout en œuvre pour abréger leur fécondité, & en atténuer les réſultats. Il entre dans le plan de pluſieurs ménages de n'avoir point d'enfans ou de n'en avoir qu'un. Quelquefois la nature dérange ce calcul ; mais il lui faut ſurmonter toutes les ruſes de l'art. Dès qu'une fille atteint l'age de puberté, on conſulte, non des Médecins, mais des gens qui devroient ignorer ce que c'eſt que puberté ; & pour ſe débarraſſer du ſoin de l'honneur, on ne craint pas de détruire le tempérament. Dans les Colléges, dans les Penſions, dans les Couvents, pour retarder l'effet des paſſions, on en abſorbe les reſſorts, par l'uſage des Narcotiques. Cette note eſt faite d'après l'expérience.

n'eſt pas toujours un ſigne certain de leur vigueur & de leur fécondité.

Des maux qui réſultent de l'incontinence, le moindre feroit l'énervement abſolu. L'homme qui rapporte de ſes premières débauches aſſez de puiſſance pour ſe reproduire encore, fait plus de mal à la Société, que ſi tous les principes étoient éteints en lui. Il communique à la femme qu'il s'aſſocie, le levain de corruption qui réſide en lui, en accélère la deſtruction ; & que naît-il de ce commerce ? des êtres éphémères, des individus qui, ſemblables à ces plantes que la vanité cultive, coûtent beaucoup, & ne produiſent rien. La deſtruction de ces créatures, qu'on peut regarder comme le réſultat des derniers efforts d'une nature expirante, eſt toujours prochaine ; & ſi par haſard ils parviennent à l'âge viril, leur poſtérité ne peut être compriſe au nombre des hommes. Leur durée n'eſt qu'un poids inutile, à charge même ; car ils cauſent plus de dépenſe à leurs auteurs, que des êtres robuſtes, & n'ont nulle conſiſtence : l'Etat qui les acquiert pour ſa défenſe, y perd toute ſa miſe (1), & ils portent dans les Provinces où ils ſont allaités, & enſuite dans celles où ils eſſayent de ſe reproduire les principes d'inſanité qu'ils ont reçus de leurs pères & mères.

Le déreglement des mœurs a fait en France, ce que la tyrannie fit à Rome ſous l'Empire de Tibère. On en étoit à ce point, dit Tacite, qu'on craignoit de donner le jour à des Eſclaves. Comme ce motif n'a point lieu parmi nous, & que nous aimons à trouver les cauſes de tous les effets,

---

(1) Ceux qui ont l'uſage des Troupes, ſçavent ſur combien peu d'hommes effectifs il faut compter d'une nombreuſe recrue de Libertins.

plusieurs ont cru appercevoir celle de notre dépopulation dans le sur-haussement de l'Impôt. C'est à cette cause qu'on s'attachera éternellement, parce qu'on s'expose à passer pour un ennuyeux Prédicateur, si l'on ose attaquer la corruption ; parce que le plus médiocre Ecrivain s'assûre des Lecteurs, en décriant le Gouvernement ; & enfin, parce que beaucoup de ceux qui traitent de la Politique, ou qui en raisonnent, n'en ont souvent pas les premiers principes. Un Ministère, parfait aux yeux des préjugés, seroit un monstre à ceux de la raison ; aussi ne doit-il pas se régler sur ce que l'on approuve, mais sur ce que l'on doit approuver.

Des charges trop fortes atténuent, sans doute, la Population. Elles ôtent l'aisance, ou peuvent même contraindre celui sur lequel elles tombent, à faire usage d'alimens nuisibles, ou à se priver d'une portion du nécessaire. D'un autre côté, l'inquiétude que donne leur acquittement, bannit le repos, le plaisir, & cettte joie intérieure qui est le véhicule de la génération. On peut dire du sur-haussement de l'Impôt, qu'il attaque le Redevable par le Physique & par le Moral; cependant il faut convenir, que pour influer puissamment sur la Population d'un grand Peuple, d'un Peuple libre, il faut qu'il soit porté au dernier excès [1]. Si, réduit à de moindres termes, il produit un semblable effet, c'est que ce Peuple est vicié.

Une preuve bien convaincante du peu d'influence de l'Impôt sur notre

(1) La nature ne calcule point le bien-être des individus, quand elle s'occupe de leur reproduction : &, ce qu'il y a de singulier, une haîne, un dégoût, fait taire un penchant, que l'idée d'une mort, certaine même, ne peut souvent rallentir.

Population, se tire de l'expérience. Grand nombre de personnes, pour qui l'Impôt n'est point onéreux, populent encore moins que ceux qui en sont le plus travaillés. C'est donc au relâchement & à la flétrissure des ressorts producteurs, ou à quelque vice légal, qu'il faut s'en prendre, & non à l'Impôt, qui ne peut être, au plus, qu'une cause secondaire actuellement ; mais qui peut devenir cause majeure, si les choses restent encore dans l'état où elles sont pendant un long espace de tems.

Si la déprédation de l'espèce étoit en France l'effet de l'Impôt, une longue paix & de l'économie, nous remettroient au pair ; du moins doit-on le présumer : pour moi, je doute que la réunion de ces circonstances pût, au bout même d'un siècle, faire la moindre sensation. Je pense, au contraire, que les mœurs, vrai source de population, acheveroient entièrement de ſe perdre dans cette portion de tems. Procurer l'abondance à un Peuple déja corrompu, c'eſt précipiter le terme de ſa dépravation totale.

Quant à l'économie, conſidérée en particulier, elle n'eſt propre qu'aux petits Etats. Les grands Royaumes doivent avoir de grandes facultés, & en uſer largement. Recourir à cette foible reſſource, c'eſt manifeſter ſa décadence, & inviter des Puiſſances rivales à en profiter. Ceux qui prétendent réparer tout par l'économie, jugent du Royaume par leur domeſtique : c'eſt juger du ſolide de la terre par une toiſe de ſa ſurface.

En continuant de nous dépeupler, l'Impôt, fût-il réduit, deviendra onéreux ; s'il reſte au taux actuel, il ſera très-lourd ; mais s'il augmente.......................... Des ſpéculations, fondées ſur l'expérience, nous montrent qu'il doit augmenter ; à moins que nous n'abandonnions des possessions, nous réservant les individus, ce qui est chimérique ; ou que nous ne rendions à notre Population toute l'extension dont elle est susceptible : car l'Impôt suit dans sa progression la diminution de l'espèce.

Dès que la quantité & la qualité de l'espèce s'altère chez une Nation [1], la Souveraineté a plus de besoins, & ils augmentent à raison de la perte qu'elle en fait. Elle est obligée de suppléer par la richesse factice ou de convention, à tous les objets qu'elle rempliroit par la richesse réelle, si l'Etat étoit à son vrai point de Population ; & c'est alors que l'Impôt devient accablant, parce qu'il tombe sur une

---

(1) Quelqu'un a dit avec assez de justesse, que l'espèce étoit diminuée d'un pouce en quarré. Il n'y a que les mœurs qui puissent réparer cette brèche faite par la corruption.

claſſe moins nombreuſe de redevables?
Or, moins d'hommes, moins de productions de matières premières, moins de travaux de toute eſpèce; plus de beſoins; plus d'Impôts par conſéquent. Si l'Impôt étoit fixe dans un Etat, que la Population s'y anéantît juſqu'à moitié de la maſſe totale d'hommes qu'il avoit à une certaine époque antérieure, la quotité de l'Impôt ſeroit doublée ſur chaque objet qui en ſeroit ſuſceptible, à l'époque de ſa déprédation : ce qui payoit cinq ſols, en payeroit dix : il ſeroit donc toujours accablant. Mais il eſt impoſſible que l'Impôt n'augmente pas dans un Etat où la Population diminue. Des Etats voiſins s'augmentent à cet égard, en même tems qu'il perd; il a la même étendue de terrein à conſerver, plus d'ennemis à combattre, moins de forces à leur oppoſer : il faut donc, en ce cas, qu'il paye chèrement des

Troupes étrangères, peu intéressées à sa conservation & à son honneur, des Troupes dont l'usage causa en partie la perte de l'Empire Romain [1], ou qu'il achete la tranquillité au prix de l'or. Il faut donc dans toutes les circonstances qu'il sur-hausse l'Impôt proportionnellement à la puissance de ses voisins, & à sa foiblesse.

Nous ne nierons pas, au reste, que

(1) Tous les Historiens sont d'accord sur ce point. L'exemple de Rome n'est cependant point une régle générale. Des Troupes Etrangères contribueront au bonheur & à la gloire de la Nation où elles servent quand on en fera l'usage que prescrit la nature. L'exemple d'un Prince contemporain, prouve qu'on peut avec succès planter des hommes. Mais il ne faut pas que l'esclavage le plus rigoureux soit attaché au plaisir de se reproduire. Le mariage indissoluble des Troupes en général, a une existence contradictoire; du moins à l'égard des Nations chez lesquelles ce lien est dissoluble.

le ſur-hauſſement de l'Impôt, arrivant *après des commencemens* de dépopulation, ou concourant avec elle, ne puiſſe devenir lui-même un moyen efficace de dépopulation; mais il lui faut une cauſe antécédente, à moins qu'il ne ſoit exceſſif.

L'incertitude où nous ſommes par rapport aux cauſes, ne détruit point la réalité des effets. Nous perdons ſur l'eſpèce humaine; la preuve en réſulteroit des ſeuls efforts qu'on a faits pour en déterminer la cauſe, [ſans pouvoir, ou ſans oſer la découvrir] ſi nous n'avions d'autres moyens de nous en convaincre. Cependant pour juſtifier une aſſertion qui pourra ſembler téméraire à quelques-uns, & faire revenir de leur prévention ceux qui ont admis, comme vraies cauſes de notre dépopulation, celles que d'autres ont alléguées avant moi, il eſt néceſſaire de les approfondir, & de fixer en quelque forte leur degré d'influence. La cause que nous indiquerons dans la suite, & le remède que nous jugeons être propre à détruire son effet, débarrassés de toute concurrence, acquéreront un nouveau degré de lumière & de certitude.

Quelques-uns ont placé le luxe dans la classe des principes dépeuplans. Je ne sçais si le luxe nuit à la Population en France ; je ne sçais pas même si nous avons un luxe, à proprement parler. Plusieurs Nations de l'antiquité ont porté le faste à son dernier point, & n'en étoient pas moins nombreuses : le luxe existe encore aujourd'hui chez quelque Peuples de l'Europe, où la Population augmente considérablement ; & l'on peut dire, en général, qu'il n'a jamais existé de Peuple qui n'ait sacrifié à l'agréable, dès qu'il a été assez puissant pour le faire ; c'est-à-dire, lorsqu'il s'est trouvé au-dessus de l'abſolue néceſſité. Nos pères, vainqueurs des Romains, avoient un luxe; nous en avons varié les objets, & nos neveux les varieront à l'infini : heureux s'ils ne ſont pas, comme nous, obligés d'en diminuer la maſſe!

Lorſqu'une Nation a connu le luxe, & l'a pratiqué pendant pluſieurs ſiècles, l'économie où vous la voyez réduite enſuite, décèle qu'un vice ſecret la mine. Cela eſt vrai, du moins à l'égard d'un Peuple aſſis ſur un ſol fertile, tel que le nôtre. Le luxe naît de l'abondance. Un Peuple qui en jouit, eſt contraint d'échanger ſon ſuperflu, contre des productions étrangères. Nous avons les mêmes terres, plus d'induſtrie pour en tirer parti, que nous n'en avions autrefois; nous avons plus d'Arts, plus de Manufactures; cependant notre luxe a moins de réalité. D'où vient? C'eſt que nous avons moins d'enfans. Je ne vois que cette différence entre la richesse de nos pères & la richesse actuelle; car nous avons plus de fonds qu'ils n'en avoient.

Si nous avions un luxe, nous serions dans la position qui nous convient. Le luxe est aussi essentiel à la Nation Françoise, que la rondeur l'est au corps rond: & sa diminution à cet égard, sera toujours une preuve de son affoiblissement, comme les progrès qu'elle y fera, seront des marques certaines de son accroissement & de sa vigueur.

Comme nous ne voulons porter nos vues que sur des objets génériques, nous n'entrerons point dans le détail de plusieurs causes partielles de dépopulation, qu'on a alléguées [1].

(1) 1°. Par le soin qu'on prend de diminuer la taille des filles, on réstraint la capacité de leurs flancs, au point qu'un enfant bien conformé n'y peut être contenu. 2°. L'usage où nous sommes de ne point faire allaiter les enfans par

Ce n'est pas que ces causes n'influent jusqu'à un certain point ; mais elles ne

---

leurs propres mères, & d'abandonner à des mercenaires le régime de petites créatures si précieuses & si fragiles, nous cause des pertes considérables. De-là nos Capitales nous dépeuplent, parce qu'au lieu de produire, il faut que les Provinces suppléent sans cesse à leur entretien. 3°. La trop grande facilité qu'on trouve à faire étudier les enfans, peut produire plusieurs mauvais effets. L'entrée libre des Colléges a été utile après les tems de barbarie immédiatement : aujourd'hui les Sciences y gagnent peu, & la population y perd beaucoup. Le fils d'un ouvrier retourne rarement au travail après ses Etudes. Son Père lui laisse assez de bien pour vivre ; mais seul. Il ne se mariera donc pas. En continuant la profession de ses pères, il eût été un Laboureur ou un Artisan utile & aisé. Si un enfant qui a étudié se trouve sans patrimoine, il devient un scélérat, à moins qu'il n'ait de grands talens, ou qu'un heureux hasard ne le favorise. D'ailleurs, on entre trop-tôt en étude, pour juger des talens du sujet ; mais on en sort trop tard pour embrasser sont pour la plûpart que les effets d'une cause supérieure ; ensorte qu'en détruisant celle-ci, on anéantit par contre-coup toutes celles qui lui sont subordonnées. D'un autre côté, parmi ces causes, il en est qui ne peuvent faire sensation chez un grand Peuple, ou qui sont tellement liées à notre constitution, qu'on risqueroit de gâ-

---

une autre profession. Pour affoiblir cet abus, sans néanmoins détruire la liberté dont jouissent les divers ordres, de passer d'une condition dans l'autre, peut-être suffiroit-il d'établir l'usage d'une courte épreuve avant que d'entrer aux Etudes. Par-là vous rendez aux travaux une foule de gens, déplacés ailleurs ; &, ce qui n'est pas moins essentiel, vous rendez à l'Ordre de la Noblesse une multitude d'emplois dont la privation à pû être le principe de la dépopulation où elle est tombée ; principe qui s'est accrû & fortifié dans la suite par la dépravation générale où nos Loix Civiles & Religieuses, ou plutôt l'abrogation de nos usages primordiaux, nous ont conduits.

ter tout, en voulant les détruire. Telle eſt, par exemple, la légereté d'eſprit : elle eſt le principal caractère de notre Nation, & fait de la vie entière de quelques-uns, un paſſage continuel de la confiance au repentir, & du repentir à la confiance. Mais vouloir captiver la volonté, en certain cas, n'eſt-ce pas détruire l'individu, en tâchant ſeulement de corriger ſon penchant, puiſqu'il regarde la liberté comme étant de l'eſſence de ſon être ?

Tous les Traités de Morale, ni la multitude de nos Préceptes Religieux, ne nous guériront jamais de l'inconſéquence & de la légereté. Chaque Nation à ſa doſe de Philoſophie-pratique, que tous les efforts poſſibles ne ſçauroient augmenter : on raiſonne beaucoup d'après de nouvelles théories, ſans que, pour cela, la conduite ſoit eſſentiellement différente. Le plus ſage moyen à employer alors, c'eſt de tirer le meilleur parti possible du vice national. Peut-être ne s'agit-il, par rapport à un Peuple léger, que de ne point admettre l'irrévocabilité des actes en quelques circonstances, où il paroît néanmoins que les contractans ont visé à la perpétuité, sans avoir la force d'y atteindre. L'homme est avide de la perfection ; il suffit de la lui montrer pour qu'il tâche de la saisir ; mais doit-on lui faire un crime de ses efforts, ni punir son erreur par l'esclavage le plus dur ; sur-tout lorsque la durée de ses peines, loin de contribuer au bonheur de la Société, en aggrave les maux ?

Un Politique du dernier siécle prétend réparer la déprédation de l'espèce en supprimant les séparations entre Epoux. » Car, dit-il (1), ce n'est rien

---

(1) Traité de la Politique de France, par le

„ faire de contracter des mariages ; si „ on ne les entretient, & si les con- „ joints ne vivent ensemble. „ Employer aujourd'hui ce moyen, ce seroit détruire, loin d'édifier ; & c'est mal connoître le cœur de l'homme que de prétendre y faire naître l'amour par la contrainte.

L'indissolubilité des engagemens contraste si parfaitement avec la légereté & l'inconstance nationale, qu'on seroit étonné de la voir subsister en France, si on ignoroit les motifs qui ont porté les Papes à l'y introduire. L'objet du mariage est d'avoir des enfans ; mais contraindre des personnes qui se haissent non-seulement à vivre ensemble, mais encore à s'aimer, par la seule raison qu'il a été un temps où elles se convenoient, c'est exiger

---

Marquis de C... Cologne 1669, dédié au Roi, page 135, & suiv.

d'un Athlète qu'il recommence éternellement sa carriere. Si l'on demande à cette multitude de Célibataires qui existent au milieu de nous, pourquoi ils ne prennent point d'engagemens, c'est, vous répondent-ils, parce qu'ils sont indissolubles ; & cette indissolubilité qui nous prive de beaucoup d'unions, n'influe pas médiocrement sur celles qui sont déja formées. C'est un Télescope fatal, qui grossit & multiplie des inconvéniens que la volonté libre n'appercevroit point.

Ne nous arrêtons pas à chercher la vraie cause de notre dépopulation ailleurs que dans l'indissolubilité des mariages. Toutes les autres causes sont dérivées de celle-ci, ou sont imperceptibles dans leur effet. C'est elle qui a donné naissance au Célibat, &, par une filiation naturelle, à la corruption des mœurs.

Quand je parle du Célibat, je ne

prétends point y comprendre celui que la Religion prescrit à ses Ministres. Elle l'a rendu conditionnel de leur état; & c'est un point de discipline Ecclésiastique, qui n'est point de mon sujet. Mais le reste des hommes a la liberté du choix à cet égard; & l'idée de perfection que l'Eglise attache au Célibat, dans les conditions quelconques, est une preuve bien convaincante qu'elle n'a jamais prétendu qu'il fût le masque du vice. Elle réprouve donc avec nous tous ceux qui, sous le nom de Célibataires, outragent la nature, ou la satisfont par des voies illégitimes; elle ne peut donc qu'applaudir à des moyens qui, sans contraindre la volonté libre & déterminée, conduiront les hommes à leur propre destination; ensorte que celui qu'une grace spéciale ou un penchant naturel entraîne vers la perfection, ne soit point barré par la Loi politique; mais qu'elle soit un frein pour quiconque veut jouir des facultés attachées aux unions formées, sans participer aux embarras qui suivent naturellement de ces unions.

La cause de la dépopulation une fois découverte, on imagine facilement quel remède nous avons à proposer. Il est peu conforme aux préjugés ; j'en conviens : mais s'il a le suffrage de la raison, & s'il joint à cette avantage celui d'être le seul qu'on puisse employer avec succès ; sans doute l'opinion voudra bien le céder au bonheur public, qu'elle a tant de fois traversé. Dans des temps de barbarie, le Fanatisme armé faisoit taire la vérité. Ces temps ne sont plus : il lui suffit de paroître pour se concilier tous les esprits. Point de François qui, à la vue des suites funestes que peut avoir un systême dépeuplant, & consultés sur le choix des moyens propres à réparer le mal, ne répondent : *Tous sont bons, si l'effet en est certain.* Examinons donc quels sont les progrès de la corruption, & quel coup elle a porté à la Population en France depuis le commencement du siècle seulement.

§. II.

Calcul estimatif de la Dépopulation en France depuis l'an 1700.

IL ne seroit pas difficile de démontrer, par les divers dénombremens qui ont été faits en Europe, que la Population est proportionnelle aux mœurs, indépendamment de tout autre mobile. C'est mal connoître les hommes que d'admettre l'abondance comme principe efficace de leur Population (1). Le

(1) La servitude même la plus atroce, quoique destructive du plus excellent attri-

ſentiment qui nous porte à nous re-produire eſt trop vif, pour être ac-compagné de réflexions ſur l'avenir. A l'exception d'un petit nombre de Spé-culateurs qui s'abſorbent dans l'idée anticipée des évènemens futurs, le reſte ſe livre à l'impulſion de la Natu-re (2), pourvû qu'il ne ſoit pas réduit au-deſſous du néceſſaire médiocre & actuel. Je ne vois aucun Etat en Euro-

---

but de l'homme, n'eſt pas une digue capa-ble d'arrêter le torrent de la population. Un dénombrement fait vers 1682, nous apprend que la Pologne contenoit vingt millions d'Ha-bitans. *Œuvres de l'Abbé de S. Pierre, Tom. 4, page 255, & ſuiv. Edit. de 1733.*

(2) Si des Epoux font quelques réflexions dans ces momens ſuprêmes, ſoyez certain qu'ils ont déja jetté un coup-d'œil ſur la perpétuité du nœud qui les raſſemble, & que le problême de leurs défauts mutuels leur eſt expliqué.

pé où la classe populante jouisse de cette abondance qu'on semble éxiger ; il en est cependant où la Population fait de rapides progrès : & tels sont l'Angletterre (1) & la Prusse. Dira-t-on que depuis Charlemagne jusqu'à nos jours, le Royaume de France ne s'est jamais trouvé dans une situation de prospérité égale à celle où tout État formé peut espérer de parvenir ? Néanmoins nous avons toujours diminué ; &, ce qui est concluant pour mon hypothèse ;

(1) Il ne faut pas s'en rapporter, sur la population d'Angleterre, au calcul de Ricciolus, qui, dans son dernier Livre de la Géographie, page 679, Edit. de Venise 1672, l'a fixée à 4 millions. Ricciolus n'a fait que copier Botterus : mais on peut ajouter foi à la Table Géographique dressée par C. Specht, Utrecht 1704. Ce dernier Auteur compte à cette époque huit millions d'Habitans en Angleterre. Elle en contient environ dix actuellement.

hypothèse ; c'est que, malgré les calamités successives des deux derniers siècles, nous n'avons pas éprouvé une perte aussi considérable depuis le dénombrement de Charles IX jusqu'à celui qu'a calculé M. de Vauban, que celle que nous essuyons depuis l'an 1700 jusqu'aujourd'hui. Sous Charles IX la population approchoit de vingt-quatre millions (1) : au commencement de ce siècle, elle s'est trouvé réduite au-dessous de dix-neuf millions. Voyons où elle en est actuellement.

(1) Ce dénombrement fait il y a deux siècles, suppose en France plus de vingt millions d'Habitans. Dans la France alors n'étoient point comprises, les Provinces de Flandres, de Roussillon, de Franche-Comté, d'Alsace, de Lorraine. Voyez Moréry, au mot France, Leutholf, Grand-Théâtre, page 488. La Croix, Géogr. tome 2, page 9. Nicolas Struyck, Introd. à la Géogr. Univ. Holl.

La ſomme totale de l'eſpèce humaine en France, étoit à l'an 1700 de 18 millions 700 mille individus de tout âge & de tout ſexe (1) : la durée de la vie eſt d'environ vingt-trois ans ; c'eſt-à-dire, que, ſi nous vivions tous un égal nombre d'années, notre carrière n'excèderoit pas ce terme. Il faudroit que chaque couple de mâles & femelles contenus dans la maſſe de dix-huit millions ſept cent mille, eût produit quatre enfans, dont deux ſeroient morts (2), & les deux autres reſtés pour repréſenter leurs Auteurs,

---

(1) Voyez l'Ouvrage de M. de Vauban, de la Dixme Royale.

(2) Des enfans, plus d'un quart meurt dans l'année de leur naiſſance. De cent enfans la moitié n'arrive pas à l'âge de dix-huit ans. Voyez Dénombrement de Breſlau, par M. de Neuman, en 1661 ; avec les Réflexions de M. Halley, dans les Mém. de l'Académie-Royale de Londres.

afin que nous fussions au pair du dernier dénombrement à l'époque de 1723.

Mais tous les individus compris dans le dénombrement de 1700 n'étoient pas en état de se reproduire, & il ne faut compter que sur ceux qui ont cette puissance ; les autres n'étant que de représentation actuelle.

Il convient donc d'ôter de la masse totale qui comprend l'espèce en général & qui est de 18,700,000,

1°. Le Clergé Séculier & Régulier.	300,000.
2°. La portion des Troupes qui vivoit dans le Célibat.	120,000.
3°. Les Célibataires Laïcs, y compris toutes ces Associations de Freres de divers métiers, comme Freres Tailleurs, Cor-	
	420,000.

Ci-derriere . . . . 420,000.

donniers, &c. les Hermites, les Pélerins, &c. &c. les impuissans, les bannis, les prisonniers, & en général tous ceux que l'âge ou les infirmités empêchent de se reproduire . . . 600,000.

*1,020,000.

S'il naissoit beaucoup plus d'hommes que de femmes, cette distraction ne seroit qu'un foible objet, mais seroit toujours une perte pour l'époque suivante.

Sous les Zônes brûlantes, il naît plus de femmes, que d'hommes; sous les Zônes froides, plus d'hommes que de femmes; & sous celles qui sont tem-

Ci-contre . . . . . 1,020,000.

pérées, la somme des naissances est égale, à peu pres, dans les deux sexes, tant que les hommes ne sont point énervés.

D'où résulte que la masse d'hommes à distraire rend inutiles un pareil nombre de femmes : ainsi à déduire encore . . . . . . 1,020,000.

2,040,000.

Si de notre masse totale nous ôtons ces deux millions quarante mille individus des 2 sexes, il nous reste un capital de seize millions six cent soixante mille propre à se reproduire, ci . . . . 16,660,000.

Masse d'êtres producteurs existans en 1700. 16,660,000.

La somme des couples formés de cette masse sera de huit millions trois cens trente mille couples, ci .... 8,330,000.

C'est en cette somme de couples existans à l'époque du dénombrement de 1700, que réside la consistence de la Nation. Je suppose que chacun de ces couples produise quatre enfans, & c'est beaucoup; deux de ces enfans mourront avant dix-huit ans, & il en restera deux: ce qui nous donnera une somme égale à celle des couples, c'est-à-dire, de leurs Auteurs qui est de seize millions 660 mille individus ; ci : : : . . . . : 16,660,000.

Tel ſera leur produit dans l'eſpace écoulé de 1700 à 1723, terme de la durée de la vie ; & tel ſeroit à cette derniere époque le nombre d'individus utiles, & qui ſeroient les racines de la ſeconde époque de 1723 à 1746, s'il n'y avoit aucune diſtraction à en faire. Mais ſur cet objet de ſeize millions ſix cents ſoixante mille individus, il convient d'ôter un certain nombre d'hommes que des accidens détruiſent pendant le cours de 23 ans : accidens ſur le retour deſquels il faut toûjours compter, parce que s'ils font moins fréquens dans une génération, ils le font plus dans une autre ; & dont la dépense retombe sur les couples peuplans principalement.

Les individus produits de 1700 à 1723, forment un objet de feize millions fix cents foixante mille ames, ci ...... 16,660,000.

Nous allons effayer de fixer la dépenfe d'hommes que nous pouvons faire dans ce même efpace de tems, dans la Carte fuivante.

1°. La Guerre, (1).	500,000.
2°. Entretien des Colonies.	100,000.
3°. Les émigrations.	100,000.
4°. La Navigation Marchande, (2).	40,000.
5°. Les Valets Célibataires, [3].	60,000.
6°. Les supplices, bannissemens, détentions.	10,000.
7°. L'entretien du Clergé, [4].	150,000.
8°. Les maladies secrettes parmi les Particuliers, [5].	100,000.
9°. Ceux de cette Génération qui resteront Célibataires Laïcs, [6].	100,000.
	1,160000.
Tous ces hommes tuent leurs pendans en femmes dans la génération qui les a produits; ainsi c'est encore à ôter un million cent soixante mille femmes, ci......	1,160,000.
	2,320,000.
La masse d'êtres producteurs ne sera donc à l'époque de 1723 que de quatorze millions trois cens quarante mille individus, ci.......	14, 340, 000.

(1) J'y comprends celle de terre & de mer; la désertion, les morts accidentelles qu'occasionne la foible compléxion d'hommes épuisés de débauches, & les gens au service de l'Armée, &c.

(2) La plûpart des Matelots Marchands sont mariés; & cette espèce d'hommes est peut-être la plus peuplante : leurs voyages en sont la cause.

(3) On pourroit, sans doute, en compter un plus grand nombre.

(4) Il y a peu d'enfans dans cette classe, mais beaucoup de Vieillards, ce qui revient au même.

(5) La perte actuelle qu'elles causent n'est rien, en comparaison du degré d'influence qu'elles ont sur la postérité.

(6) La plûpart de ces Célibataires vont porter la dissension dans les ménages, &, par là, doublent peut-être la perte qu'ils semblent offrir.

La masse représentative d'habitans sera plus considérable, si l'on ajoûte à ces quatorze millions trois cens quarante mille, les restes en Prêtres, en femmes inutiles, en Célibataires, en infirmes, de l'époque précédente, & ceux qui se sont formés dans les cours de 1700 à 1723; mais comme ces êtres ne produiront rien pour l'époque suivante qui s'accomplit en 1746, il ne faut compter que sur nos 14 millions 340 mille individus qui nous donnent une somme de couples de 7 millions 170 mille, ci 7,170,000.

Cette somme de couples fournira dans l'espace de 23 ans une somme égale à la sienne qui est de 14 millions 340 mille individus, ci. . . . 14,340,000.

En 1700, la maſſe d'ê-tres producteurs étoit de ſeize millions ſix cens ſoixante mille, ci ... 16,660,000.

En 1723, elle n'eſt plus que de quatorze millions trois quarante mille, ci .... 14,340,000.

Nous avons donc perdu en l'eſpace de vingt-trois ans, deux millions trois cens vingt mille êtres producteurs. 2,320,000.

La corruption à ſes progrès; un grand nombre de Célibataires dans les deux ſexes produit un grand nombre de divorces dans les *familles-principes*, & s'oppoſe à la multiplicité des unions pour l'avenir: d'un autre côté, les maladies ſecrettes, en énervant l'eſpèce ; en diminuent la quantité, &c, ce qui est plus important encore, la qualité [1]. Je suppose néanmoins que dans l'espace de temps écoulé de 1723 à 1746, le progès de la corruption n'ait été que d'un cinquantième [2], notre position sera telle à cette dernière époque.

---

(1) Si, comme l'assûrent les Physiciens & les Naturalistes, l'excès des pertes continuelles qu'occasionne trop de chaleur, est cause qu'il naît plus de femmes que d'hommes sous les Zônes brûlantes, il a dû depuis l'époque de notre affoiblissement, & il doit dans la suite nous naître plus de femmes que d'hommes.

(2) Les progrès de la corruption sont plus rapides que ceux de la santé. Sous notre systême actuel nous n'augmenterions, sauf tout accident, que d'un huit-centième par an ; c'est-à-dire, que comptant sur les dépenses inévitables, il nous faut plus de 1200 ans pour doubler notre population actuelle.

La masse d'êtres producteurs en 1723 est de quatorze millions trois cens quarante mille individus, ci. . . . 14,340,000.

Perte égale à celle de la premiere époque deux millions trois cens vingt mille, ci. . . . 2,320,000.

Augmentation d'un cinquantième de dépense quarante-six mille quatre cens individus, ci. . . 46,400.

2,366,400.

La masse d'êtres producteurs ne sera donc plus en 1746 que de onze millions neuf cent soixante-treize mille six cens individus, ci. 11,973,600.

Cette masse se reproduira, comme dans les premières époques ; du moins je le suppose, malgré les raisons qu'il y a de penser le contraire ; mais elle aura une dépense égale à celle de la seconde époque à faire, & il faudra, en outre, qu'elle supplée à la progression de la corruption, que l'on peut, sans forcer, évaluer à un quarantième.

Ainsi la masse d'êtres producteurs est en l'année 1746 de onze millions neuf cens soixante-treize mille six cens individus, ci. . .	11,973,600.
Cette masse perdra de 1746 à 1769, une somme égale à celle perdue de 1723 à 1746, qui est de 2 millions 366 mille 400, ci. . . .	2,366,400.

Ci-derriere	2,366,400.
Plus l'augmentation d'un quarantième qui est de cinquante-neuf mille cent soixante, ci. .	59,160.
	2,425,560.

Donc la masse d'êtres producteurs ne sera plus en 1769, que de neuf millions cinq cens quarante-huit mille quatre cens, ci. . .	9,548,400.

§. III.

Essai sur la manière dont se perd l'espèce.

POUR s'assurer que la déprédation de l'espèce humaine vient de celle des mœurs, il suffit de jetter un coup-d'œil sur la population factice que produit le libertinage. Je l'estime à douze mille individus par an (1) dans tout le Royaume, c'est mille par mois, & trente-trois un tiers par jour environ, dont Paris seul en fournit près de vingt-trois. Ces 12,000 enfans par an

(1) Dans ce nombre sont compris tous les enfans nés de la fornication & de l'adultère ; tous enfans nés en pure perte pour la postérité; car ils seront ou exposés ou élevés par leurs Auteurs; Or, des pères, & sur-tout des mères qui n'ont point de mœurs n'en donneront pas à leurs enfans.

nous donnent dans l'espace de vingt-trois ans une somme de 276 mille enfans.

Mais qui ignore le soin que prennent tous ceux qui se livrent à des conjonctions illicites, pour ne pas produire ? 138 mille couples unis légitimement nous auroient donné dans le même espace de vingt-trois ans cette somme de 276 mille enfans : en supposant que leurs Auteurs, malgré les précautions qu'ils ont prises, ayent produit au huitième, c'est 138,000 multiplié cinqpar huit, qui égalent un million cent quatre mille couples, qui n'ont opéré qu'un pur néant ; car de cinquante enfans, fruit de la débauche, il n'en vient pas un à l'âge de puberté (1).

(1) Une population illégitime, qui suit peut-être les séparations ou fondées, ou de simple volonté, ne peut être comparée dans

On

On ne prétend pas donner cette opération pour une règle sûre : c'est une approximation, & rien plus : mais si l'on joint à cette perte causée par le libertinage, celle que nous éprouvons à cause du Célibat que gardent nos Prêtres par état, nous aurons, à peu près, la connoissance des divers gouffres où va se perdre l'espèce humaine parmi nous. Peut-on nier, par exemple, que trois cent mille Prêtres, ou Moines, nous tiennent la place de 300 mille soldats, quant au nombre ; & d'une quantité bien supérieure à ce nombre, quant à la dépense ; que

---

la politique avec celle que la liberté du second mariage procureroit, dit M. le Président de la Vie. J'ai vû, ajoûte-t-il, par les Registres d'un Hôpital, que, sur cinquante enfans apportés, à peine un seul avoit-il atteint l'âge de puberté. Des Corps Polit. L. 1. C. 8. T. 1. p. 70. Lyon 1764.

par conséquent nous serons toûjours au-dessous du pair d'au moins six cens mille individus des deux sexes, à l'égard d'une Nation qui, semblable d'ailleurs à la nôtre, n'auroit point de Prêtres, ou du moins de Prêtres Célibataires; car alors leur nombre n'influe point sur la population; des Ministres mariés produisant comme d'autres hommes, & même plus ?

Du vœu ordonné par la Religion à ses Prêtres, il n'en faut pas conclure que la Religion soit à charge aux hommes; elle ne veut que leur bonheur : les maux de la Société naissent de l'abus qu'on en fait. Si nous réduisions au nombre nécessaire ceux d'entre nous qui se destinent au Célibat en se vouant aux Autels, la perte que nous souffririons de cette portion d'Eunuques spirituels, seroit bien compensée par les graces qu'attirent des Prêtres Saints sur le reste de la Société. Mais ſi à une Loi Religieuſe dépeuplante par elle-même, nous joignons l'abus de cette Loi ; ſi nous ajoûtons à ce régime des Loix civiles, des coûtumes, des uſages auſſi dépeuplans, ſans doute nous accélérons notre ruine.

Quand par la nature du climat ou la conſtitution de l'eſpèce, la population ſe trouve bornée à de trop moindres termes, il faut lui procurer l'extenſion par des moyens indépendans de ces deux cauſes. De tout temps on a employé la ſageſſe des Loix pour ſuppléer au vice d'un climat ou d'un Peuple (1).

(1) Sous notre climat, les femmes ſont nubiles de bonne heure ; mais elles perdent plûtôt la faculté d'être meres. Pluſieurs ne la conſervent pas juſqu'à 40 ans. Dans le Nord, les ſignes de fécondité leur arrivent & s'abſentent plus tard : de-là une génération plus nerveuſe & plus nombreuſe par conſéquent que

Si à l'époque du dernier dénombrement, nous avions réfléchi sur les pertes éprouvées depuis celui fait sous Charles IX, & sur leurs causes, nous aurions pû réformer, & faire l'arrangement suivant.

La masse totale des individus est en 1700 de 18 millions 700 mille, ci.	18,700,000.
Supposons que de ce nombre, six cens mille soient hors d'état de se reproduire, ci. . . .	600,000.
D'ailleurs il nous faut des Prêtres, & j'en mets cent mille, ci.	100,000.
	700,000.
Reste net 18 millions, ci.	18,000,000.

parmi nous : de-là aussi le divorce leur est moins essentiel qu'à nous. J'ai 50 ans, ma

Car les 100,000 femmes que nous laisse d'excédent la classe des Prêtres, ne nous seront point inutiles ; elles remplaceront les femmes stériles, &c.

Ces dix-huit millions d'individus forment neuf millions de couples, qui n'étant point troublés par le libertinage des Célibataires, ni chargés par l'impôt qui sera moindre proportionnellement à leur nombre, ni contraints par l'indissolubilité des engagemens, que je suppose rompue, ni enfin énervés par le libertinage, pourront produire, à raison de deux & demie le couple, une somme d'individus qui sera de vingt-deux millions cinq cens mille dans l'espace de vingt-trois ans.

femme en a 40 ; elle n'a point eû d'enfans, & cesse d'être en état d'en porter : d'où vient me priver du bonheur & du plaisir de me donner une postérité légitime avec une autre femme qui en ait la puissance ?

Si notre recette augmente, il est de principe en ce genre que notre dépense diminue ; & quoiqu'on pût compter moins de désertions, moins de morts accidentelles dans les Troupes, causées par la débauche, par l'épuisement, &c. nous supposerons le même nombre que ci-devant pour cet article, & pour plusieurs autres.

Masse d'individus produits de 1700 à 1723,

Vingt-deux millions cinq cens mille, ci	22,500,000.

Dépense pendant le même espace de temps.

La Guerre, &c ...	500,000.
L'émigration	100,000.
L'entretien du Clergé.	50,000.
L'entretien des Colonies.	100,000.
La Marine Marchande.	40,000.
	790,000.

Ci-contre : :	799,000.
Les mœurs se rétablissent plus lentement qu'elles ne se perdent ; ainsi je suppose que dans cette premiere époque les maladies secrettes coûteront encore soixante mille hommes, ci	60,000.
Que les Valets Célibataires seront au nombre de trente mille, ci .	30,000.
Que les supplices, quoiqu'avec plus de mœurs ils doivent être moins fréquens, iront comme par le passé à	10,000.
Que, malgré la liberté rendue au mariage & la difficulté de satisfaire ses passions hors de l'union	
	890,000.

Ci-derriere	890,000.
légitime, il se formera encore dans cette génération une somme de Célibataires de ...	50,000.
	940,000.
Supposons encore que ces neuf cent quarante mille hommes périssent avant de se reproduire; &, ce qui n'est pas absolument vrai, que leurs pendans dans la classe des femmes restent en pure perte, cela forme un objet de neuf cent quarante mille femmes, ci ..	940,000.
TOTAL...	1,880,000.

Il s'agit d'ôter de la masse totale de . . .	22,500,000.
Celle de . . .	1,880,000.
Il nous restera donc en 1723 une somme d'êtres producteurs, & propres à servir à la population pendant l'époque suivante de 1723 à 1746, qui sera de vingt millions six cents vingt mille individus, ci . . .	20,620,000.
Nous n'en avions en 1700 que dix-huit millions sept cent mille qui comprenoient tous les genres, ci . . .	18,700,000.
Nous gagnons donc en 23 ans un million neuf cens vingt mille habitans des deux sexes, ci.	1,920,000.

C'est-à-dire un peu plus d'un neuvième de la somme totale que nous possédions en 1700. En suivant ce plan, notre population seroit aujourd'hui au-dessus de vingt-quatre millions, à moins que des évènemens extraordinaires ne l'eussent dérangée. Le procédé contraire a eu tout le mauvais effet qu'il pouvoit avoir; car quel peut être actuellement l'objet de notre population? En 1769, terme de la troisième époque écoulée depuis l'opération de M. de Vauban, nous aurons à peu-près d'êtres producteurs . . . . 9,548,040.

De Troupes	180,000.
De Prêtres	300,000
De Valets	80,000.
Dans les Hôpitaux . . .	40,000.
De gens qui ne produisent plus, de Célibataires volontaires dans les deux sexes, de femmes excédentes, d'impuissans, d'Etrangers, de gens sur mer, d'autres dans le divorce, dans les prisons, &c. &c.	2,000,000.
Masse totale . .	12,148,040.

Il se peut faire que la quantité représentative du peuple en France soit plus considérable; mais il me paroît vrai de dire que la masse d'êtres propres à se reproduire n'excède pas de beaucoup neuf millions & demi; ce qui, depuis mil ſept cent ; forme une perte bien ſenſible.

La maſſe des naiſſances annuelles étant, par rapport au peuple qui les produit, comme environ un eſt à vingt-ſept & demi dans l'ordre commun, il ne ſeroit pas difficile de vérifier, par les Baptêmes, ſi les calculs que je préſente approchent de la vérité, autant que le peuvent de ſimples approximations. Le ſeul obſtacle qui s'oppoſe à cette maniere abrégée de faire un dénombrement, eſt la différence qui ſe trouve entre la population des Villes & celle de la Campagne. Suivant cette proportion d'un à vingt-ſept & demi, Paris ne contiendroit pas beaucoup plus de quatre cents quatre-vingt mille ames (1) : ce qu'il ſeroit faux de ſuppoſer. Mais on en peut

(1) Suppoſé qu'année commune il naiſſe à Paris 18,000 enfans, c'eſt $18{,}000 \times 27\frac{1}{2} = 495{,}000$.

conclure qu'en certaines Villes les naissances sont au total d'habitans, comme un est à quarante; qu'en certaines autres la proportion est d'un à trente-six, à trente-quatre, à trente, &c. que de grandes Villes, sans mœurs, ne sont pas les principes les moins atténuans de la population d'un Etat.

§ I V.

Le Divorce Légal seroit le moyen le plus propre à rétablir la Population.

SI la Loi qui impose aux Epoux de vivre ensemble, & de se reproduire autant qu'il est en leur pouvoir, étoit telle, qu'elle ne pût être violée sans risque d'être repris civilement, il seroit inutile d'y rien changer; mais cette loi n'ayant point de coaction sur les corps, & la loi politique ne pouvant en ce cas lui prêter la force qui lui manque, sans donner dans une rigueur outrée ; elle ne sçauroit être une digue assez forte pour résister aux penchans de la nature & à ses caprices.

Le Divorce n'est point autorisé par la Religion ; cependant il existe, c'est un fait dont on ne peut douter ; & il existe d'une manière si odieuse, il devient si universel, qu'il est difficile de supposer qu'on ne l'affoibliroit pas, en l'autorisant dans certaines circonstances. L'usage du Divorce contraste avec la perfection Chrétienne. Qui le nie ? Mais combien de choses proscrites par la discipline Religieuse ou politique, sont néanmoins tolérées, par la seule raison qu'un vice fait moins de progrès sous la main du Magistrat, que dans l'obscurité, & l'espèce d'indépendance où son illégalité absolue le retient! Tel est aussi le motif qui m'a déterminé à reclamer l'admission du Divorce. Une fois placé dans la classe des usages légaux, non-seulement il perd ce qu'il a de criminel dans sa manière d'être actuelle, mais encore il procureroit aux Sociétés un avantage que sa prohibition ne peut jamais produire, & qui, peut-être, ne sçauroit résulter d'aucun autre moyen.

Il ne s'agit ici ni de discuter la nature du mariage, que nous regardons comme un Sacrement, ni de censurer les usages actuellement reçus. Le seul but est de faire voir que la liberté rendue au mariage, supprimeroit les mauvais effets qui semblent suivre de sa perpétuité, sans examen de la possibilité ou de l'impossibilité que la Puissance Civile trouveroit à rétablir la Population par ce moyen, ni des motifs qui porteroient la Puissance Ecclésiastique à en permettre ou refuser la pratique.

Je ne prétends pas non plus me fonder sur des exemples, ou plutôt je n'entends pas que ces exemples soient tels qu'ils fassent autorité. Je crois, au contraire, que, lorsqu'après l'adoption du Christianisme, nous attachâmes la perpétuité au lien du mariage, nous ne fîmes que le ramener à sa pureté originelle; mais que les hommes abusant des meilleures choses, des plus saintes mêmes, sans que ces choses changent par l'abus qu'on en fait, il vaut mieux néanmoins, quand on le peut, adoucir la rigueur de la Loi, pour en faciliter l'exécution.

C'est d'ailleurs une maxime certaine en politique, que lorsqu'il est question de réformer, le plus sage parti qu'on puisse prendre, c'est de rappeller un Peuple à ses anciens usages, à ses institutions primitives. Le caractère du Peuple est la méfiance : elle suit de la foiblesse. S'il souffre avec inquiétude l'abolition de quelques usages, souvent peu anciens, parce qu'il les regarde comme coexistans à sa constitution, à plus forte raison se cabre-t-il contre une loi nouvelle, qu'il n'envisage

ſage que comme l'effet de l'autorité.
Si donc il ſe préſentoit deux moyens également efficaces, pour accélérer la Population, ce ſeroit à celui qui a déja été employé qu'il faudroit donner la préférence. Or, le Divorce étoit préexiſtant à la Monarchie en France, il a exiſté avec elle, & encore concurremment avec la Religion Chrétienne, juſqu'au règne de Charlemagne incluſivement. Ce Prince même à qui les Hiſtoriens Politiques & Sacrés donnent de ſi juſtes éloges, & qui partage la vénération des François pour les Saints, ne crut point la Divinité intéreſſée dans la rupture d'une alliance mal aſſortie, ſi cette rupture étoit conſentie par la Puiſſance Religieuſe. Il répudia Théodore, ſa première femme, & ſe remaria enſuite.

Comme pluſieurs perſonnes confondent la répudiation, le Divorce & la caſſation du mariage, à cauſe de la parité de leurs effets par rapport aux Epoux, il eſt à propos de ſpécifier ici ce que nous entendons, avec tous les Légiſtes, par le mot Divorce.

L'effet du Divorce n'eſt pas de rendre le mariage nul & comme non avenu, mais de le diſſoudre abſolument pour l'avenir, enſorte que les parties ſéparées puiſſent paſſer à de nouvelles noces, ſans que les enfans nés des premières ſoient privés des droits que donne la légitimité. Reſte à ſçavoir ſi l'uſage du Divorce, pris en ce ſens; peut être compatible avec la Religion. On peut s'abſtenir de répondre à cette queſtion juſqu'à ce que la Puiſſance Civile l'ait propoſée, & que la Puiſſance Eccléſiaſtique ait prononcé: mais j'oſe aſſûrer avec confiance que jamais l'humanité n'eut plus beſoin de ce ſecours. Ce ſeroit une faveur accordée, non au mérite, à la bonne heure; mais à la foibleſſe. Ce ne ſeroit, après tout, que l'extension, que l'accroissement d'un privilége dont jouit constamment un Royaume de l'Europe; Privilége qui, sans être précisément la même chose que le Divorce, apporte un bénéfice tout semblable à ceux qui en usent. » L'Eglise en Pologne, dit » M. le Président de la Vie, remarie » à d'autres ceux qu'elle a séparés: » quelqu'un, ajoûte-t-il, demandera » pourquoi le reste des Etats Catholi- » ques n'obtiendroit pas la même li- » berté d'une mère commune? » (1).

Dans le Royaume dont nous parlons, le Divorce, au sens strict de ce mot, n'a pas plus lieu que dans le reste des Etats Catholiques; mais les mariages de convenance, c'est-à-dire, ceux dont les Parens conviennent entr'eux, sans

(1) Des Corps Politiques. L. 1. C. 8. T. 1. p. 74.

égard aux inclinations des Parties qu'ils contraignent de s'épouser par raison d'état ou autrement (1), ceux qui ne sont pas revêtus de toutes les formalités Canoniques, & en un mot tous ceux contractés nonobstant l'existence de quelque empêchement dirimant, sont susceptibles de cassation. On sent jusqu'à quel point la diversité des intérêts & des penchans peut porter ce privilége, sur-tout lorsque la séparation est également desirée de part & d'autre. Dans ce cas, il suffit aux Conjoints de remettre à l'Auditeur de Rome leurs motifs par écrit; le Siége Apostolique est consulté, & si les motifs sont graves, & les preuves

(1) De-là l'usage où sont beaucoup de Polonois de protester, avant de se marier, qu'ils n'y consentent que par soumission pour leurs parens. Plusieurs mariages ont le principe de leur destruction dans ces protestations.

ſuffiſantes ; la diſpenſe eſt accordée. Le Magiſtrat prononce en conſéquence la diſſolution du Contrat civil, que le Pape n'a pas le droit de diſſoudre hors les terres de ſon obéiſſance, & les parties ont la liberté de paſſer à une nouvelle union.

Il eſt étonnant que l'exiſtence du fait dont eſt ici queſtion, ſoit révoquée en doute par un grand nombre de perſonnes. Le peu d'intérêt que nous prenions autrefois à ce qui ſe paſſoit chez les Polonois, nous a dérobé la connoiſſance de cette partie de leur Conſtitution, qui au reſte n'a rien de ſingulier à leur égard, que la grande liberté avec laquelle ils ſont en poſſeſſion d'en uſer : mais ſans recourir à une multitude de preuves qui en atteſtent la réalité, il ſuffit de rappeller ici la caſſation récemment faite du mariage de M. de Radziwil, avec Mademoiſelle Lubomirſ-

KA, & la nouvelle alliance contractée par ce Prince (1).

Je sçais qu'il y a quelque chose de répugnant aux yeux d'un Politique dans la forme usitée en Pologne, par rapport aux séparations. Pourquoi, dira quelqu'un, faire dépendre le sort des Citoyens de la volonté d'une Puissance Etrangère ? Pourquoi, dans le cas d'adultère & autres qu'admettroit la loi du Divorce, forcer des Epoux à révéler leur honte, à en fournir des preuves juridiques ? Des Prêtres chastes peuvent-ils, à l'aide d'une foible théorie, juger sainement des motifs qui divisent un mari & une femme ?

---

(1) Ceux qui veulent des détails sur cet objet, peuvent consulter les Historiens de Pologne, & entr'autres le Chevalier de Solignac. T. p. 10. L'*Abrégé Chronologique de l'Hist. du Nord*, *Observation sur la Pologne*, vers la fin. Paris, Hérissant, rue S. Jacques.

L'inſtruction proviſoire qui ſe fait à Rome, ajoûte-t-on, n'abrége pas la procédure ordinaire : les Juges doivent toujours s'aſſûrer du fond avant que de prononçer ; enſorte qu'il ſemble que toutes ces démarches préliminaires, tous ces frais de diſpenſe, &c. n'aboutiſſent qu'à autoriſer les Juges naturels de toutes conteſtations à prononcer ſur celle-ci ; & d'ailleurs, continue-t-on, que penſeroit le Saint Père, d'une Puiſſance Etrangère qui tiendroit à Rome une eſpèce de Magiſtrat, ſans le concours duquel les Juges du Pays ne pourroient procéder en certains cas ?

On répond à cela que le fait dont il s'agit étant purement Eccléſiaſtique, & l'indiſſolubilité du mariage étant preſcrite par l'Egliſe, c'eſt à elle à en permettre ou refuſer la diſſolution. Mais pour abréger des Procédures toujours longues lorſqu'elles ſont portées à un Tribunal Etranger, il feroit à desirer que l'exercice du pouvoir de dissoudre les unions mal formées, fût abandonné à la Souveraineté dans les Etats qui en jouiroient, ou du moins au Clergé de ces Etats : & on ne peut dissimuler, en déférant au Pape le droit d'accorder les dispenses, soit générales, soit particulières, que le don n'en dût être pur & simple, suivant le précepte, *gratis accepistis, gratis date.*

Parmi les faits que nous présente l'antiquité pour autoriser la demande du Divorce, je n'en choisis qu'un seulement. On ne sçauroit nier que l'Empire Romain, & ensuite le Royaume de France, conserverent l'usage du Divorce long-tems après leur conversion au Christianisme. Cette pratique semble prouver, de deux choses l'une ; ou que le mariage n'a pas toujours été indissoluble dans l'Ordre Religieux, ou que dans ces tems, qu'on appelle néanmoins les tems de pureté, nous étions encore bien éloignés des vrais principes. Qui ignore jusqu'où va l'amour de la perfection dans la première ferveur ? Cependant sous le grand Constantin & ses Successeurs, la Religion Chrétienne étant devenue la dominante dans l'Empire ; la loi du Divorce conserva toute son énergie : c'étoit une voie de droit ; *actus legitimus*, que la femme pouvoit employer ainsi que le mari (1), & qu'autorisoit une multitude de Loix Impériales consignées dans le Code ; & dont la piété, quoiqu'assez éclairée dans ces siécles, ne demandoit point l'abrogation.

(1) Un Edit, qu'on croit être de Julien le Jurisconsulte, le suppose comme un principe certain. Voyez l'Epitre 65 de S. Ambroise. Sous Marc-Aurelle, une femme Chrétienne répudia son mari : c'est S. Justin qui nous apprend ce fait.

Malgré le respect que Justinien déféra aux Ecclésiastiques de son tems, respect que ce Prince porta quelquefois jusqu'à la superstition, voyez dans sa Novelle du mois de Juin 541 (1) avec quelle autorité il décide du sort des mariages: c'est qu'alors l'Eglise n'avoit point encore soumis les unions conjugales à sa Jurisdiction. En effet, ce fut l'Empereur Léon, parvenu au Trône en 886, qui le premier rendit la Bénédiction Nuptiale une condition absolue de la validité des mariages : jusques-là diverses manières de se marier avoient existé concurremment dans l'Empire (2); & celle qui consistoit à contracter devant le Prêtre, n'avoit pas un degré de solidité de plus que les autres, tant par rapport à la durée de

---

(1) Deux siècles après l'établissement du Christianisme dans l'Empire.

(2) Constitut. Imper. Leon. 89.

l'union, qu'à la légitimité des enfans qui en provenoient.

Quand la loi en question fut promulguée, la légitimité des enfans dépendit de son exécution ; mais cette loi ne mit point le sceau de l'indissolubilité sur les mariages : l'Empereur réserva toujours aux Epoux le droit de se séparer dans les cas d'adultère, de folie, & autres adoptés par la loi civile, dans les tems antérieurs où elle regardoit le mariage comme un acte indépendant de la Jurisdiction & du concours des Ministres de l'Eglise (1).

Point de doute que la France, tant qu'elle a fait une Province de l'Empire, n'en ait suivi la Jurisprudence à l'égard du mariage ; mais érigée en Royaume & devenue maîtresse de ses loix, elle a pû réduire à une seule les formalités requises pour l'authen-

---

(1) Ibid. 31. 32. 111. 112.

ticité des alliances, & prescrire la Bénédiction Nuptiale comme conditionnelle de leur validité, avant que cette cérémonie devînt exclusive dans l'Empire. Ce qui peut le faire présumer, c'est que, depuis l'instant où nous embrassâmes la Foi, jusqu'aux tems peu éloignés où la Philosophie succéda à la superstition, les Prêtres eurent la plus forte influence sur les affaires de notre Gouvernement. Nos Pères, grossièrement politiques, sacrifioient volontiers aux prétentions d'une Cour plus éclairée que ne le peut être un Peuple uniquement guerrier & vertueux. Ils ne prévoyoient pas quelles seroient les suites de sa munificence.

Il nous importe peu, au reste, de sçavoir précisément à quelle époque la Puissance Civile a contraint en France de recourir au Prêtre pour former l'union conjugale, & donner la légitimité aux enfans qui en résulteroient;

il ne s'agit point non plus d'entrer ici dans des discussions Théologiques sur la nature de cette union (1) ; le point essentiel est de montrer que, quelque solemnité qu'on ait donnée au mariage, ce contrat, comme tous les autres actes de la Société, a été subordonné à la Puissance Civile, & susceptible de dissolution en certains cas, bien postérieurement au tems où nous avons adopté le Christianisme.

Qu'on ne dise point que cet usage existoit parmi nous, malgré l'Eglise, & les Souverains Pontifes. Le Divorce étoit un droit dont ont usé ceux de nos Princes qui ont témoigné le plus de soumission aux SS. Canons, & que chaque particulier reclamoit lorsqu'il

(1) Voy. *Traité du Mariage*, par M. le Ridant, Avocat : vol. in-4°. Malgré les raisons de cet Auteur, il n'est pas moins constant que le Mariage est un Sacrement.

ſe trouvoit dans les circonſtances qui l'admettent, ſans que, pour cela, les prétentions de la Cour Romaine fuſſent choquées, ni l'union entre elle & nous rompue. Les Capitulaires de Charlemagne nous fourniſſent une preuve bien frappante de l'exiſtence du Divorce en France vers le neuviéme ſiècle. » Il faut, dit cet Empe» reur (1), que tout Prêtre déclare » publiquement au Peuple, qu'il n'eſt » permis en aucune circonſtance de » diſſoudre un mariage légitime, fait » authentiquement & conformément » au commandement du Seigneur,

(1) *Adnuntiet unuſquiſque Presbyterorum publicè plebi ab inclitis connubiis abſtinere, & ſecundùm Domini mandatum legitimum conjugium nequaquàm poſſe ullâ occaſione ſeparari, exceptâ cauſâ fornicationis, niſi conſenſu amborum, &c.* Baluz. Lib. 6. C. 191. T. 1. Col. 955.

excepté le cas de la fornication(1). *Si ce n'est du consentement des deux Parties.*(2) Charlemagne ne sera peut-être pas soupçonné d'impiété, ni même de désobéissance envers les Papes. Quoiqu'il réprimât l'ambition de quelques Ecclésiastiques, il n'en vécut pas moins dans la plus parfaite intimité avec les Pontifes ses Contemporains, dont il connoissoit les droits, aussi-bien que les siens propres.

Si ce qui s'est passé dans des tems antérieurs à la Religion Chrétienne, pouvoit servir de règle à des Peuples qui ont adopté cette Religion, il ne seroit pas difficile de montrer que dans les siècles les plus reculés, les Epoux mal assortis ont eu la liberté de briser des liens que la vo-

---

(1) La répudiation arbitraire est abrogé par ces termes.

(1) Mais le Divorce est clairement établi par ceux-ci.

lonté libre ſemble ſeule pouvoir faire ſubſiſter, & d'en former de nouveaux, à leur choix. Sans recourir aux uſages du Paganiſme, nous voyons le Peuple Juif, *légiſlé* immédiatement par la Divinité, n'admettre point l'indiſſolubilité dans le Mariage. Les Loix Judaïques à cet égard étoient, je l'avoue, bien défavorables aux femmes, en ce qu'elles ne leur permettoient pas de rompre des nœuds, qu'il étoit toujours en la diſpoſition de leurs maris de diſſoudre ; mais devenues veuves, elles les dédommageoient en contraignant le plus proche parent du défunt à les épouſer.

Aux deux grands avantages dont jouit la loi du Divorce d'avoir été le droit commun de toutes les Nations policées, & de redevenir compatible avec la Religion Chrétienne, dès que l'Egliſe l'aura muni du ſceau de ſon autorité, j'en joins un troiſiéme : la

pureté

pureté des mœurs reclame l'admission, ou plutôt le rétablissement de cette loi.

On n'ignore pas que le Célibat n'est qu'un nom pour la plûpart de ceux qui l'adoptent. Mais quelle fille, instruite du droit qu'aura son mari de la rejetter, & de lui faire perdre un état qui la flatte apparemment, puisqu'elle l'a choisi, s'il ne trouve pas en elle ce qu'il a droit d'en attendre dans les premiers embrassemens, osera se laisser entamer sur de vaines promesses ? Le cas arrivant, nul dommage ne s'ensuivra : une telle fille n'est pas moins propre qu'une autre à la génération ; & celui qui l'épouseroit comme vierge étant trompé, auroit raison de divorcer avec elle : mais ensuite de ce divorce, elle rentre dans la classe des femmes, & l'on peut l'épouser sans rougir, parce qu'alors elle ne promet que ce que peut promettre une femme.

Il ne faut pas confondre le Divorce avec la répudiation. Celle-ci s'opère par la seule volonté de l'un des Epoux, sans égard à la volonté & à l'intérêt de l'autre ; & l'on peut dire que, généralement parlant, tout l'avantage en est pour les hommes. La loi du Divorce est favorable aux deux sexes : on peut même avancer que son rétablissement importe plus aux femmes qu'à nous. Qu'une fille intacte soit contrainte d'épouser un homme qu'elle n'aime pas ; ou que, s'étant engagée trop légèrement, des raisons qui peut-être n'existent que pour elle, la dégoûtent de son mari ; le Célibataire est aux aguêts. Sur la moindre ouverture, il met en œuvre tous les moyens capables de spécifier la plus odieuse différence entre le mari & lui ; & comme on croit volontiers ce qu'on desire, les progrès de la séduction ne sont pas lents.

Il est aisé de tromper l'esprit ; c'est une affaire de raisonnement : mais le cœur n'est pas long-tems la dupe d'un sentiment affecté. Des Epoux dans ce cas ne tardent guères à s'abhorrer, à ne plus garder de ménagement ; enfin la chose éclate. Ils reclament les loix ; elles les déshonorent, & les séparent. Vingt familles vont partager leurs troubles & leur stérilité. Nous diminuerons la somme du mal en séquestrant la femme : y gagnerons-nous ? Ce désespoir auquel nous la livrons en l'enfermant, cette vengeance que prend la loi d'un crime dont en quelque sorte elle est l'auteur, équivalent-ils à la perte de peut-être dix enfans dont elle auroit été la mère ? Si nous admettons la dissolubilité du Mariage, tout le mal qui suivoit de sa perpétuité se tourne en bien : cette femme rompt, avant l'éclat, une union qui faisoit le malheur de son mari & le sien, & vole dans les bras de son Amant. Ce nouveau couple a l'expérience de ce qu'il est, & l'on doit attendre des circonstances qui le réunissent la plus abondante fécondité.

Les femmes en France ont des maximes opposées à celles de quelques Nations voisines : elles préferent l'adultère à la fornication ; & c'est assez ordinairement au tems où elles seront mariées qu'elles renvoyent leurs Amans. Si les mots *vertu*, *honneur*, *probité*, se pouvoient imprimer encore, je leur demanderois volontiers raison d'une conduite qui, en parant à certains inconvéniens, en laisse subsister de bien plus terribles. Mais sans entrer dans des discussions qu'on ne liroit point, je mets en fait qu'une femme du caractère de celles dont je parle ; fera néceſſairement un choix ; que ſon Amant ſera, au moins, un homme qu'elle pourra épouſer ſans honte, en cas que ſon mari, éclairé ſur ſes démarches, invoque contr'elle la loi du Divorce. Et cette eſpèce de contrainte où ſeront les femmes, de choiſir leur mari dans leur Amant, éloignera d'elles quiconque ne ſçauroit prétendre à recevoir leur main.

L'avantage des femmes ſe trouve en particulier dans la loi du Divorce, en ce qu'elle leur preſcrit d'une manière ſimple la conduite qu'elles doivent tenir. Elle leur dit : il faut être honnête fille, ou honnête femme ; c'eſt à vous de choiſir ; mais point de milieu entre ces deux Etats, ſi ce n'eſt l'infamie.

On ne pare jamais à tous les inconvéniens (1), & la loi ſuprêmement

(1) Des gens qui s'attachent aux petites.

sage est celle qui en entraîne le moins. Il se trouvera des gens qui abuseront de la loi du Divorce (1) ; mais ce vice même, dont nulle loi n'est exempte, tournera au profit de l'Etat. Le Divorce a tout l'utile de la délation, sans en avoir l'odieux. Par lui l'Etat

---

règles, dit M. le Président de la Vie, ont dit que le mariage, outre l'objet de se donner une postérité mutuelle, comprenoit la convention tacite de l'élever ensemble ; & que, suivant les loix naturelles de toute société, on ne pouvoit la dissoudre tant qu'il restoit des conditions à accomplir. La cause *du Divorce* auroit trop d'avantages si on s'attachoit aux règles des Sociétés ; elles doivent être rompues lorsque les associés de part & d'autre ne remplissent pas l'intention du Traité, *Des Corps Politiques*. L. 1. C. 8. T. 1 p. 71.

(1) Il s'en trouvera tant que les mœurs n'auront pas repris leur équilibre. A mesure qu'elles s'épureront, les Divorces deviendront plus rares. Au reste, en craint-on plus qu'il n'en existe aujourd'hui?

acquiert la connoissance pratique des mauvais sujets. Qu'un homme de cette classe détermine une fille à l'épouser, & qu'ensuite il invoque la Loi du Divorce, elle rompra son engagement. Sa femme qui n'aura aucun reproche à craindre, ne manquera pas de laisser percer quelques plaintes. Il passera à de secondes noces, redemandera de nouveau sa liberté, & l'obtiendra. Mais le laisserons-nous former un troisiéme mariage, sans écouter ses deux premières femmes, contre lesquelles il n'allègue que des raisons d'incompatibilité ? N'est-il point à craindre que cet homme ne s'accorde pas mieux avec une troisième ou même une sixième femme, qu'avec les deux précédentes ? Cette raison d'incompatibilité peut avoir force, toute isolée qu'elle est, en un ou deux cas ; mais l'admettre à l'infini, tireroit à conséquence. Un tel homme est un mauvais sujet :

on peut le ſuppoſer. Peut-être n'eſt-il qu'inconſéquent : l'inconſéquence eſt un défaut que la Loi ne peut punir, mais qu'elle n'eſt point obligée de favoriſer.

» Combien de Citoyens... ſe rédui» ſent au célibat, par la ſeule crainte » qu'inſpire un mariage éternel », s'écrie un Moderne (1) ! C'eſt, en effet, l'unique raiſon du plus grand nombre ; car il ne faut pas ſuppoſer les hommes plus corrompus qu'ils ne le ſont. Le rétabliſſement du Divorce fait ceſſer cette raiſon ; & comme d'ailleurs nous avons une claſſe de Célibataires d'état au milieu de nous, il ſuit que chacun ſe livrera à ſon inclination & à ſon tempérament dans le choix qu'il fera d'une condition : choix libre, mais néceſſaire, puiſqu'il ne laiſſe à embraſſer

(1) Des Corps Politiques, L. 1, C. 8. T. 1, pag. 68.

qu'un état moyen où ne peuvent plus ſe rencontrer le reſpect & l'eſtime attachés à la dignité de Prêtre & de Père de famille.

L'émiſſion d'une Loi qui réduit la ſomme des Célibataires à ſon vrai terme, & qui n'admet que des unions fondées ſur la volonté mutuelle des Epoux, donne un nouveau degré de certitude aux filiations. De-là plus de ſoins paternels & maternels envers des enfans qui deviennent la baſe indeſtructible de l'eſtime & de la tendreſſe de leurs Auteurs. Je dis plus de ſoins maternels, malgré le proverbe, *mater certa, pater incertus*, parce qu'une femme, quoique toujours très-certaine de ſa qualité de mère à l'égard d'un enfant, de quelque union qu'il ſorte, ne peut voir qu'avec une ſecrette horreur une créature que ſon crime a produite. C'eſt un témoin irréçuſable & tourmentant de ſa mauvaiſe conduite. Son mari, qui l'ignore, ne la lui impute pas; mais peut-elle se la dissimuler? N'est-elle pas elle-même son Juge & son Bourreau? Ses supplices sont le triomphe de la vertu.

S'il étoit vrai que le luxe nuisît à la Population, j'ose assûrer qu'il seroit bientôt réprimé par l'usage du Divorce. Des Epoux qui s'aiment préféreront toujours le bonheur solide d'avoir une nombreuse postérité, au plaisir frivole d'être heureux dans l'imagination des autres; car enfin, c'est tout ce que peut produire le luxe, à quelque degré que la vanité prétende le porter.

De l'état où se trouvent les Célibataires, & en général tous ceux qui sont privés d'une postérité légitime, naît une réflexion bien capable, ce me semble, de faire impression sur des esprits attentifs: c'est la nécessité où ils sont d'acheter une famille. Soit amant, ſoit maîtreſſe, ſoit domeſtiques; enfin, il faut une famille; & n'importe à quel prix. Pour ſe dérober à ſoi-même l'horreur du vuide où l'on ſe trouve dans l'état iſolé, l'amour-propre & l'exemple de quelques Pères malheureux ſont de foibles moyens. Si vous avez craint de donner le jour à des ſcélérats, à des monſtres, croyez-vous les enfans d'autrui nés ſous de meilleurs auſpices ?

Cette néceſſité d'avoir une famille, ſouvent ſentie trop tard par les Célibataires, a vivement frappé la Souveraineté en divers lieux. De-là ces précautions priſes pour s'aſſûrer la propriété des enfans nés hors du mariage, & par leſquelles elle prétend ſuppléer aux pertes que lui cauſe l'indiſſolubilité des engagemens. Ainſi, en Eſpagne le concubinage, c'eſt-à-dire, l'adultère, eſt en quelque ſorte autoriſé, & les enfans qui en proviennent ſuccèdent en certaines proportions aux biens de leurs Auteurs. Nulle flétrissure d'ailleurs sur ce genre de naissance. En promulguant leurs Loix par rapport aux enfans illégitimes, les Espagnols ont pensé que le Christianisme n'avoit pas pour but de détruire les hommes, quoiqu'il conseillât la chasteté à quelques-uns; & la Souveraineté se considérant extensivement comme la mère commune de tous les individus qui respirent sous son obéissance, a cru pouvoir, sans abroger formellement la Loi Religieuse qui impose la stérilité à tant de familles, entretenir sa fécondité par une voie aussi extraordinaire. Ce qu'il y a de singulier, c'est que les Espagnols ont plus osé que nous à cet égard. Nous ne punissons point le libertinage, mais nous n'accordons aux enfans naturels aucune part dans les successions; &, comme si leur existence étoit leur propre faute;

nous répandons ſur eux un vernis d'infamie qui ne devroit rejaillir que ſur les coupables ; enſorte que les ſoins mêmes qu'on prend de leur enfance leur doivent être odieux.

Quoi qu'il en ſoit des moyens employés pour réparer la déprédation de l'eſpèce humaine, ils ſont, quant au produit, bien inférieurs à la cauſe. En Eſpagne comme en France, l'acte qui nous procrée eſt, religieuſemenc ment parlant, défendu hors du mariage : en France il n'a nulle autorité légale : de-là on peut ſuppoſer que les couples libertins ne produiſent, pour la plûpart, que malgré eux. Des gens qui ont ſacrifié la Religion au plaiſir, écouteront-ils la nature aux dépens de l'eſtime publique ? Mais ces moyens, tout foibles qu'ils ſont, manifeſtent l'utilité du Divorce. Ils ſont comme les derniers efforts de la Souveraineté Civile, qui veut ſauver au moins quelques débris des pertes que lui cauſe la Souveraineté Religieuſe. Le moyen que l'Eſpagne met en uſage eſt odieux ; car il détruit l'eſſence du mariage, fondé ſur la fidélité mutuelle des Epoux. Il n'eſt pas moins abſurde, puiſqu'il ſuſpend l'effet de la Loi du Divorce, lors même qu'il tolère l'acte qui préciſément y ſemble donner lieu. Cependant, comme les Loix Civiles ſont indépendantes de toute autorité étrangère, qui ſçait ſi les Etats qui perdent ſur la Population ne ſeroient point obligés de recourir à d'autres moyens (1) ?

Plus de ſuperſtition, plus de vices ;

---

(1) Long-tems après l'établiſſement de la Religion Chrétienne dans l'Empire Romain, nous y voyons ſubſiſter trois manières de contracter le Mariage. L'une devant Témoins, c'étoit l'uſage du bas Peuple ; l'autre par Contrat portant donation, & c'étoit celui des gens

cette vérité résulte du calcul des mœurs de chaque Nation : c'est pourquoi l'indissolubilité du Mariage n'a produit chez les François qu'une inconséquence. La Loi Religieuse qui défend le Divorce n'a point de coaction sur les corps ; elle est, par conséquent, un moyen bien foible pour servir d'entrave aux penchans de la nature. D'un autre côté la Loi Civile, voyant l'impossibilité où elle étoit de pénétrer dans l'intérieur des ménages & de démêler les motifs que peuvent avoir des Epoux pour ne point se donner de postérité, n'a imposé aucune contrainte à cet égard, & elle ne le pouvoit sagement dans le systême admis de l'indissolubilité. Si même l'incompatibilité des Epoux va jusqu'à

---

distingués ; & la troisiéme enfin, devant le Ministre de la Religion : cette derniere voie étoit ouverte à tous. Voy. *Constit. Imper.*

ne pouvoir vivre ensemble ; elle les sépare, & rompt leur Communauté Civile : c'est à cet effet que se borne son action. Elle ne défend point aux Epoux séparés de former de nouvelles inclinations ; elle se contente de flétrir la naissance des enfans qui en résultent. Le Divorce n'est donc défendefendu en France qu'en ce sens, qu'après avoir divorcé on ne sçauroit se donner une postérité légitime. Mais au contraire, l'espérance d'une postérité légitime dans de nouvelles noces n'est-elle pas, aux yeux de la raison, une condition essentielle du Divorce ? Car enfin, si l'on consultoit cette même raison, si on lui demandoit quelles bornes doit avoir la Loi qui autorise à dissoudre des unions mal formées, elle répondroit, indépendamment de tout usage, que l'effet d'une telle Loi doit s'arrêter précisément là où finit l'espoir de la génération.

L'ex-

L'extirpation totale des maladies ſecrettes qui cauſent en partie l'énervement d'une Nation, ſuit naturellement du rétabliſſement du Divorce. D'un côté, il reſtera peu de Célibataires dans les deux ſexes, dès qu'on pourra s'épouſer ſans craindre d'être trompé pour toujours ; & du nombre de ceux qui reſteront dans ce cas, très-peu encore hazarderont de contracter un vice qui les exclut pour jamais des établiſſemens. D'un autre côté, les gens mariés ſeront unis par l'amour & l'eſtime, ou enfin par l'intérêt : dans tous ces cas ils n'oſeront courir les riſques d'une démarche qui peut en un moment détruire leur fortune ou leur félicité.

Après avoir examiné les différens effets du Divorce, relativement aux diverſes conditions, je crois qu'on peut avancer, ſans paſſion pour ce ſyſtême, qu'il détruit le libertinage dans ſa ratine. Le Divorce légal devient le gardien inflexible de l'honneur des femmes, sans leur faire violence. Si après son rétablissement elles se permettent encore quelques foiblesses, ce ne sera plus que dans la vue de parvenir au mariage ; & sur ce plan, elles se garderont bien de s'abandonner sur de vaines espérances, ni d'écouter quiconque n'est pas, au moins, un parti sortable pour elles.

§ V.

Du Mariage des Troupes. Idée d'un Corps Militaire peuplant, & qui rend aux Arts de première nécessité les Travailleurs.

NOUS avons dit ailleurs que le mariage des Troupes, sans le Divorce, a une existence contradictoire, du moins à l'égard des Nations chez les quelles le lien du Mariage eſt diſſoluble. Les Allemands étoient pénétrés de cette vérité lorſque, dans ces derniers tems, ils prirent le parti de marier leurs Soldats; mais ils ont cru que la Population qui réſulteroit de cet arrangement, les dédommageroit de la déſertion. Quelques années de guerre décideront de la juſteſſe de leur combinaiſon : d'ailleurs le même principe a des effets rétroactifs en divers lieux, & c'eſt toujours le caractère du Peuple qui doit ſervir de guide à la Légiſlation. Plus impétueux dans ſes deſirs, plus ſuſceptible, par conſéquent, d'impreſſions agréables ou fâcheuſes, le François s'affecte profondément d'un ſoupçon qui effleureroit à peine un Germain : la délicateſſe de l'un exige donc des ménagemens, dont l'autre n'a pas beſoin.

Dès que nos Armées ſont en campagne, la femme du Soldat reſte iſolée & pauvre : deux circonstances qui la conduisent naturellement au libertinage : son mari, instruit de ses démarches, n'attend qu'une occasion pour déserter ; & s'il est à portée d'un Etat où le Divorce soit en usage, il y passe & s'y fixe. Nos loix & la haîne qu'il ressent pour sa première femme, l'y retiennent pour jamais. C'est d'un côté un homme perdu ; de l'autre c'est une femme ; mais une femme qui causera la perte de plusieurs hommes.

Une expérience bien capable, ce semble, de déterminer à l'admission du Divorce, nous apprend que les déserteurs de Prusse séjournent peu dans nos Armées, & que ceux des nôtres qui passent dans ce Royaume, y demeurent sans retour. Qu'on ne croye point qu'aucun avantage actuel produise cette différence ; point d'Etat aujourd'hui où le Soldat soit mieux payé, mieux vêtu, & plus humainement traité qu'il ne l'eſt en France : n'en cherchons point la raiſon ailleurs, ſinon dans cet attachement inviolable où nous retient une femme aimée, & une poſtérité dont nous ſommes certains.

Pour parer, autant qu'on le peut, aux déſertions, nous avons rendu le Célibat de rigueur pour les Troupes : mais ſi l'on conſidère le vuide que doivent occaſionner un Sacerdoce Célibataire, une multitude de gens de toute condition Célibataires, & enfin des Armées Célibataires (1), on ſentira que ſi, dans les premiers inſtans de l'opération, nous pouvons faire face à la dépenſe ordinaire d'hommes, il eſt impoſſible

(1) 180,000 Soldats Célibataires & 300,000. Prêtres, rendent inutiles 480,000 individus. Joignez à cette perte la déprédation que cauſe leur libertinage, vous aurez une ſomme de peut-être plus de 1,400,000 individus par génération.

qu'au bout de quelques années l'espèce ne manque, & que nous ne soyons absolument hors d'état de nous completter. Que seroit-ce dans le cas d'une longue (1) guerre ? Notre systême, dépeuplant dans son principe, puisque, sans égard à la génération suivante, il arrache à la génération actuelle les rameaux féconds qui seuls pouvoient lui assûrer la perpétuité, a déja eu son effet : de-là les difficultés de se completter. Tous les moyens échouent contre la disette d'hommes ; & si l'on veut reflêchir sur le produit de nos dernières Milices, que je suppose

(1) Le célèbre Maurice, Maréchal Général, disoit souvent que nous serions forcés de réformer nos Loix sur la Population, & que deux petites Guerres, ou une considérable, nous en apprendroient la nécessité. Le Comte de Saxe raisonnoit d'après la comparaison des forces du Nord avec celles du Midi.

tirées au douzième du total, on aura bientôt la solution de ce problême.

Cependant le mariage des Troupes, sans le Divorce, loin de réparer le mal, l'augmenteroit : l'admission du Divorce même ne peut remplir que lentement le vuide où nous sommes ; il faut des moyens plus actifs pour remettre au pair une population qui n'a cessé de perdre pendant plusieurs siècles, & sur-tout lui rendre la vigueur & la sanité qui lui sont essentielles, & sans lesquelles elle n'a point d'existence proprement dite. Le Divorce qui leve toutes les difficultés par rapport aux Particuliers, en laisse subsister une bien grande à l'égard du Soldat : pour exiger de sa femme qu'elle soit sage, il faut lui en fournir les moyens ; & dans un Etat fécond en ressources, la chose ne paroît pas impossible.

Je suppose qu'en temps de Paix nous ayons sur pied cent quatre-vingt mille hommes, dont cent cinquante mille seront mariés ; si nous accordons à chaque femme deux sols par jour de paye, ce sera un objet de dépense de cinq millions quatre cens mille livres par an.

Ces cent cinquante mille femmes donneront par an, à raison du sixième (1) de leur masse, une quantité d'enfans qui certainement excèdera vingt-cinq mille, auxquels un sol de paye par jour sera accordé ; ce qui augmen-

(1) Cette Population est celle que donneroit une masse de femmes de 45 ans à 15 dans une Ville. Il est à présumer que des Soldats n'épouseront guères de femmes de ces deux âges, qui sont les extrêmes de la puissance dans le Sexe. Si on peut supposer que les femmes de nos Soldats seront prises de 18 à 30, la Population sera plus nombreuse & plus vigoureuse.

têra la dépenſe annuellement de quatre cent cinquante mille livres.

Ce dernier objet de dépenſe variera ; parce que, malgré la vigueur de cette nouvelle peuplade, il faut compter que des enfans nés, un quart périra dans l'année même de leur naiſſance : un autre quart, ſuivant le cours ordinaire, mourra entre la première enfance & l'âge de dix-huit ans ; mais on peut faire fond ſur au moins douze mille individus mâles & femelles, dont plus de ſix milles garçons, qui par leur naiſſance & par leur éducation seront Soldats.

Les diverſes ſoldes des maris, des femmes & des enfans, ne forment pas un capital ſuffiſant pour leur ſubſiſtance ; mais il paroît que ſi l'on répandoit ſur ces familles réunies les ſommes qui ſe donnent aux Entrepreneurs de la Fourniture des Troupes, & qu'on leur abandonnât la préparation des matières & la fabrication de tout l'attirail de la guerre, à l'exception de l'Artillerie, &c. il paroît, dis-je, que ce benéfice, joint à leurs payes ordinaires, leur procureroit une honnête aisance.

La réunion des Communautés Religieuses, nouvellement ordonnée, fourniroit suffisamment de maisons, toutes disposées, pour loger séparément les femmes des Soldats; & dans les Villes ou autres endroits, où les Religieux ne seroient point dans le cas de l'Édit, il seroit bien simple de les transférer ailleurs. Sur la frontiere ce sont des Soldats qu'il faut, & non des Moines.

Il arrivera que des Soldats chargés de familles mourront accidentellement ou naturellement. L'humanité veut qu'on prenne soin de leur postérité; & l'intérêt de l'État l'exige. Quant aux garçons, Soldats nés, il faut dans tous les cas pourvoir à leur subsistance : quant aux filles, on peut les distribuer dans les Maisons Religieuses de leur sexe, jusqu'à concurrence du revenu de ces Maisons, distraction faite de ce qui est nécessaire à l'entretien d'un certain nombre de Religieuses assez considérable pour prendre soin des Orphelines, jusqu'à ce que celles-ci soient en âge d'être mariées, & de rentrer dans la manufacture de l'Etat.

Les dépenses qu'occasionneroit le mariage des Troupes sont, comme on l'a vu, d'un très-foible objet pour l'actuel; & quand il seroit vrai que les Provinces, dans la vue de s'affranchir des Milices, ne founiroient pas volontiers les lits & autres ustensiles nécessaires pour cet établissement, moins de vingt millions y suffiroient, & six à sept millions l'entretiendront. Mais il ne suffit pas d'assûrer à nos nouvelles familles de quoi subsister, tant que dure le service de leur Chefs : il convient de préparer de loin des récompenses au mérite, au long service, & enfin à la qualité de père d'une nombreuse postérité. Par rapport au Soldat non marié, nous avons des établissemens tous montés ; il ne s'agit ici que de ceux qui sont mariés.

S'il est vrai, comme on l'assûre, qu'il n'y ait en France que les seules Dunes qui soient d'une infertilité absolue, ne pourroit-on pas épargner un million, à peu-près, chaque année, pour se mettre en état de procurer une retraite aux familles de Soldats dans les cas prévus ou imprévus ? Je suppose que chaque établissement coûteroit, compensation faite entr'eux, quatre mille livres ; cette somme seroit remise au Soldat au moment de sa retraite, en bétail & engrais, en instrumens aratoires, en semailles, capables de mettre en valeur un certain nombre d'arpens de terre actuellement inculte, plus ou moins considérable, suivant les lieux ou le nombre de personnes dont la famille sera composée, en une maison, & enfin en une somme de comptant pour attendre la récolte.

Pendant les deux premières années de leur établissement, les diverses payes de ces familles leur seroient continuées, & elles jouiroient de toutes exemptions; à l'exception des Cens convenus avec les Seigneurs propriétaires des terres incultes; & à la troisième année elles commenceroient de payer une partie des Charges publiques, proportionnellement au produit de terres défrichées.

Cette manière de mettre en valeur les terres incultes, par parties, est peut-être l'unique moyen de parvenir à un défrichement général: ç'a été la méthode des Religieux de S. Benoît, & elle a toujours réussi. Les grandes entreprises à cet égard n'auront jamais un plein succès ; un terrein ne pouvant être bien défriché que par celui qui en doit jouir à perpétuité.

Les Seigneurs propriétaires de terres incultes, trouvent leur avantage dans cet arrangement : quelque foible que soit le cens, la différence pour eux est de zéro à quelque chose ; & malgré la modicité de l'impôt dont je suppose que ces familles cultivatrices & toujours militaires seront chargées ; elles rendront à l'Etat, dans l'espace de dix ans, bien au-delà des dépenses que l'Etat aura faites pour elles.

Il paroît inutile d'observer ici que le mariage des Troupes rend les mœurs à cette classe d'hommes si précieuses, & qu'on peut regarder comme la crême de la Nation, que non-seulement le *Soldat-principe* plus sage & par conséquent plus sain, sera de plus

de durée ; mais encore que la bran-
che de Population que nous en retire-
rons sera la plus vigoureuse de toutes
celles de l'État. Des maris & des femmes occupés, jouissant d'une sorte de
bien-être, & sans inquiétude sur le pré-
sent & sur l'avenir, ne sçauroient man-
quer de produire au-delà des termes ordinaires ; & des enfans nés de parens
sains & robustes, allaités par leurs propres mères, & pliés de bonne heure aux
exercices militaires & aux travaux, fe-
ront, sans contredit, la plus formida-
ble Milice qu'on ait vue de long-temps.

Une des raisons qui combat le plus
fortement pour l'établissement d'un
Corps Militaire toujours subsistant, c'est
la suppression des Milices. Vingt mille
cultivateurs rendent à l'État par an, à
raison de cent livres chacun, une somme de deux millions, & coûtent six
autres millions d'entretien : c'est donc

une perte de huit millions par an. Dès que le nouveau Corps Militaire aura acquis consistence, vous laissez ces vingt mille hommes à la culture des terres : ils continueront de fouiller la mine de la richesse publique.

S'il falloit attendre que les enfans des Soldats mariés actuellement fussent en âge de servir, le temps où l'on pourroit se passer du secours des Milices, seroit encore éloigné ; mais l'affluence des Etrangers mettra bien-tôt dans le cas de choisir, même parmi les Nationaux, & de n'admettre point ceux qui par leur profession sont d'utilité première pour la société, & qui ne peuvent embrasser le parti des Armes, sans lui porter préjudice.

La douceur de notre climat, l'abondance de l'agréable & du nécessaire qui s'y trouve, & sur-tout l'urbanité Française, forment l'appas le plus attrayant

attrayant pour l'Etranger : ce sont nos Loix & nos usages qui les éloignent. L'Etranger Célibataire nous ruine, loin de nous servir; & l'indissolubilité que nous admettons dans les mariages ne lui permet pas de s'engager parmi nous. Lors donc que nous aurons réformé à ce dernier égard, & que d'ailleurs le Soldat trouvera chez nous un sort assûré, point de doute qu'il ne préfere le service de France à tout autre. Que peut prétendre de plus avantageux un homme sans fortune, que d'être, ainsi que sa postérité, à l'abri des vicissitudes dont nulle autre condition n'est exempte ?

Il est inutile de faire voir que la Souveraineté Civile a droit, dans tous les cas, de disposer en faveur du bien public, des biens Ecclésiastiques : peut-être la distraction d'une foible portion de ces biens & les défrichemens partiels, feroient le moyen par excellence de rendre à la Nobleſſe ſon ancienne fécondité, & de donner au Corps Militaire peuplant, en très-peu d'années, toute la conſiſtance dont il eſt ſuſceptible, & il eſt à préſumer qu'un Clergé auſſi éclairé, & auſſi ami de l'Etat que l'eſt celui de France, ſe prêteroit bien volontiers à des arrangemens ſi pieux & ſi ſalutaires. Peut-on ſe refuſer aux beſoins d'une Patrie qui nous eſt chère & de qui nous tenons tout ? Mais quelque parti que le Gouvernement prenne à cet égard, il ſera toujours vrai de dire qu'une Nation ne tirera jamais qu'un avantage bien médiocre des Troupes Etrangères, tant qu'elle ne les mariera point : l'on ne peut cependant les marier, non plus que les Troupes Nationales, ſans admettre le Divorce, parce que la préférence sera toujours donnée au plus grand degré de liberté.

Au reste, le Soldat Etranger, marié en France, devient François, & ses enfans sont des Citoyens, tous intéressés, par les motifs les plus saints, à la défense de la Patrie. Le Divorce procure donc, entr'autres avantages, celui d'être défendus par des Citoyens, sans en diminuer effectivement la masse.

FIN.

Défauts constatés sur le document original

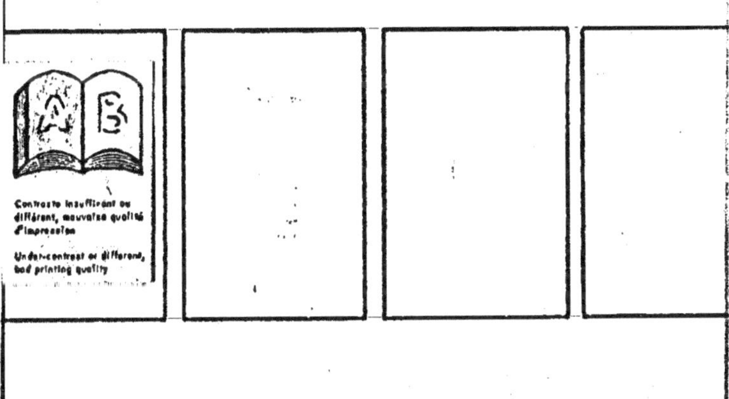

www.ingramcontent.com/pod-product-compliance
Lightning Source LLC
LaVergne TN
LVHW020334230826
846091LV00003B/867

9782013457866